ARMANDO SÁNCHEZ

Cambio de Sentido Internacional
www.cambiodesentido.org

Publicado por:

Cambio de Sentido Internacional.

ISBN: **978-84-608-7383-9**

Depósito Legal:

©**Armando Sánchez.**

Todos los derechos reservados

Diseño de portada: Armando Sánchez

Dedicatoria

A mi Señor Jesús. Gracias mi Dios por salvarme, por bendecirme, por coronarme de favores y misericordias y por darme el privilegio inmerecido de servirte.

A mi amada esposa Esperanza, eres un gran ejemplo de tenacidad, esfuerzo y dedicación. Gracias por mantener el equilibrio en nuestras vidas. Sé que hacer malabares entre el trabajo, los niños, los estudios y dedicar tiempo a edificar y bendecir a los hermanos en la iglesia no resulta fácil, pero de alguna manera el Señor hace que lo consigas. Te amo con locura. Eres increíble.

A nuestros hijos, Armando Isaac e Ian Samuel. Nuestra oración es que os convirtáis en herramientas efectivas en las manos de Dios para cambiar a vuestra generación. Que cada palabra y cada promesa que Dios nos ha dado acerca de vosotros se cumpla.

De manera especial quiero dedicarlo a nuestros amigos y consiervos los Pastores Boris y María Elena Aparicio, quienes con su gran ejemplo nos han enseñado una visión más amplia del reino de Dios, demostrando de manera práctica que lo que tienen no es suyo y que lo que han aprendido no es para sí mismos. Ellos han entendido su llamado a trascender a través de la vida de otros. Les honramos y bendecimos por su entrega y sacrificio en la labor de restaurar las vidas de muchos niños y muchas familias en Honduras.

ÍNDICE

1

La Historia

LA HISTORIA

¡Herramientas! son algo tan común, tan simple, tan cotidiano... Siempre existe una herramienta para cada necesidad y situación. Las herramientas están por todas partes y no nos percatamos de su existencia hasta que descubrimos que las necesitamos. Suele ocurrir, que cuando alguien las necesita, se da a la tarea de buscarlas de manera afanosa por su casa (o por la de algún amigo) y no descansa hasta encontrarlas. Luego, las herramientas pasan con demasiada frecuencia a un estado de inactividad, hasta nuevo aviso.

Cuando la herramienta funciona y el problema se soluciona, la alegría brota en el rostro de manera espontánea. En cambio, si la misión de reparación o restauración no sale como se había previsto, el obrero suele descargar su frustración con lo primero que tiene a la mano: la igualmente frustrada herramienta.

Se da por sentado que las herramientas no piensan, no sienten, que tampoco tienen memoria y mucho menos que opinan acerca de los trabajos... Quizá ellas podrían aportar algunas sugerencias o una mejor técnica para hacer las cosas, pero se supone que no debe ser así, porque las herramientas, simplemente..., están allí para lo que el trabajador necesite hacer con ellas.

Tal vez si nos detuviésemos un poco a reflexionar aprenderíamos mucho sobre las herramientas, su uso, sus expectativas y frustraciones... Quizá nos aportarían valiosas lecciones para el trabajo, y ¿por qué no?... para la vida. Pero seguro que también aprenderíamos mucho sobre los obreros mismos, sobre sus habilidades, sus actitudes, su carácter y sus motivaciones. Si tan sólo nos detuviésemos un instante y lo consideráramos un poco, ciertamente aprenderíamos.

Querido lector, de esto trata la historia que tienes en tus manos. Por tanto, necesitarás abrir un poco la mente y activar tu imaginación ya que nos adentraremos, por una vez, en el mundo de las herramientas, especialmente en el suceso ocurrido a un amigo muy cercano. Creo que al final de la lectura habrás aprendido algo nuevo acerca de las herramientas y puede ser que no vuelvas a verlas del mismo modo.

¡Ah, por cierto!, no me he presentado. Mi nombre es Hudy y esta es la historia.

2

¿Tragedia?

¿TRAGEDIA?

El golpe fue repentino y seco... ¡Pum!... crash, bing, plop..., y nada más. De repente todo se tornó oscuro y a continuación, un silencio sepulcral. El aire estaba viciado y se percibía una atmósfera fría con un denso olor aceitoso y oxidado. Aquello parecía una cueva, quizá no era real, tal vez sólo era un sueño... o una terrible pesadilla. Lo cierto es que estar allí no parecía buena señal.

En los primeros momentos las preguntas surgen automáticamente, acompañadas de pensamientos, historias imaginadas, como si de una película se tratase; conjeturas, suposiciones y demás..., todo con el fin de hallar respuestas que quizá nunca satisfarán interiormente, pero que al menos ayudan a enfrentar el terrible trauma de estar allí, en ese lugar sin nombre, por lo menos hasta ahora. A continuación viene la fase de aceptación en la que se llega a la conclusión de que nada se puede hacer y que hay que aceptar la realidad tal y como es, aunque lo mejor sea esperar…, en el caso de que haya algo que esperar.

La consciencia está de regreso y de nuevo se deja sentir aquel olor denso a metal oxidado, la textura viscosa. ¿Qué es esto?... ¿cómo he llegado hasta este sitio? Y sobre todo: ¿por qué?

De repente suena un ¡click!... y a continuación todo se ilumina. Lo primero que se lee es: Eveready. Algo así como: ¿Eva… la lista? Al descubierto queda la silueta de un gato grabada en el dorso de una linterna.

Dos ojos, o mejor dicho, dos intensas luces de linterna iluminan la sorprendida cara de un destornillador atribulado, afligido, y esta vez, confundido. Intenta cerrar los ojos…, los abre, los vuelve a cerrar… en fin, ninguna parece ser la acción acertada ante aquella situación. Una risa con matiz comprensivo llena el espacio, la linterna persigue cada movimiento del angustiado destornillador y a la vez ilumina todo en derredor con sus grandes lámparas que sirven también de ojos. Por fin, tras mucho tiempo las cosas comienzan a tomar forma. Muchas formas. Básicamente formas de… herramientas. Las palabras del destornillador salieron disparadas como proyectiles dirigidos hacia ninguna parte:

—¿Qqqq…, qqq…, qué es todo esto? ¿Por qué y para qué me habéis traído aquí? ¿Qué queréis de mí?..., os aseguro que no he hecho nada malo…, no sé a qué se debe este interrogatorio…

¿Respuesta? Ninguna. ¡Pero sí risas, muchas risas…, es decir, carcajadas desternillantes que inundaron aquel incómodo lugar y que de alguna manera tranquilizan la tormenta interior del asustado destornillador.

La linterna hizo un esfuerzo por contener tanta risa y con una comprensiva mirada dijo en voz alta:

—¡Bienvenido a casa, chico!..., ¡bienvenido a… LA CAJA DE HERRAMIENTAS.

Todos los demás reían y entonaban una canción de bienvenida a la caja o algo así.

—Esto parece que promete —pensó el destornillador un poco más relajado, mientras miraba con perplejidad aquel extraño mini-espectáculo, ritual de bienvenida o lo que fuera que la caja de herramientas permitía hacer en su reducido espacio.

La certeza de que él no pertenecía a aquel sitio y de que, tarde o temprano, se darían cuenta del error también parecía inminente. El todavía confuso, el destornillador se había convencido de que dentro de no mucho tiempo abandonaría aquel curioso lugar. Así que por lo pronto decidió disfrutar de aquel particular momento sin resistencia ninguna.

3

Stanley

STANLEY

–S...t...a...n...l...e...y... ¿Qué clase de nombre es ese que llevas grabado en el dorso?

–¿Te llamas Stanley? –preguntó alguien desde la oscuridad con acento italiano.

–Io me chiammo Martello. ¡Benvenuto!

El destornillador intentó buscar en la semioscuridad y poner rostro a aquella voz, pero no tuvo mucho éxito.

–Stanley, ¿de dónde vienes? ¿Qué has estado haciendo? ¿Tienes alguna idea de cómo has llegado hasta aquí?...

–Cuéntanos tu historia –dijo la linterna con aires de psicóloga profesional.

Stanley se acomodó lo mejor que pudo entre hierros y plásticos, y rodeado de tornillos de todos los tamaños se dispuso a hablar y relatar todo lo que le había acontecido hasta ahora, pues honestamente seguía sin comprender qué sucedía. Por tanto, comenzó su relato o mejor dicho, lo que ellos llamaban historia:

−Hace ya algún tiempo que nos conocimos en un congreso de herramientas −mientras tanto, los demás atendían con suma atención.

−El señor Carpenter me adquirió allí. A un precio bastante caro, supongo, porque todas las demás herramientas que conocí después me dijeron que a ellas les había pasado lo mismo. El señor Carpenter buscaba las mejores herramientas y las compraba sin importarle su precio −en ese instante todos se observaron asintiendo a sus palabras.

−Comencé a trabajar de inmediato con el señor Carpenter en diversas actividades, desde reparar un sofá para una familia, arreglar el coche de un vecino en apuros, cambiar las pilas de un juguete para niños, hacer una instalación eléctrica, la tostadora de pan de la viuda... En fin, no puedo decir con certeza en cuántas misiones nos hemos visto trabajando juntos, pero han sido muchas. Fue realmente sensacional, te mirabas en la funda de misiones (así llamábamos a nuestra amiga la funda) al lado de otras herramientas, todas muy expertas, fuertes y eficaces. ¡Realmente eran buenas!... Juntos formábamos un equipo espectacular. No había nada que no pudiéramos hacer estando en manos del señor Carpenter. Él es todo un maestro de la restauración.

Stanley continuó detallando su relato al tiempo que la nostalgia se reflejaba en su mirada.

−Aquellos eran tiempos gloriosos. Las demás

herramientas mostraban cierta envidia al vernos allí, en nuestro lugar y siempre dispuestos, para lo que el señor Carpenter necesitara. No importaban la lluvia, ni el caluroso verano; tampoco el invierno o las tan deseadas fiestas navideñas. Como herramienta nunca te sientes más vivo y más completo que cuando te usan..., es tu razón de ser, es tu misión de vida.

Un viejo cerrojo que escuchaba atentamente la conversación se dirigió a Stanley en forma un tanto escéptica:

—Hijo, si la razón de ser de una herramienta es trabajar en las manos de su dueño... ¿Qué diantres haces tú aquí metido en esta caja? ¿No deberías estar ahí fuera viajando con tu amiga la funda? ¿No será que ya no eres útil y por eso te han olvidado aquí?

Stanley, un poco contrariado, intentó ordenar las palabras para contestar a aquel veterano y respetable cerrojo:

—Lo único que recuerdo es que de pronto apareció otro destornillador que tenía un nombre parecido al mío. Bueno, en realidad se llamaba Stan. Así, tal cual suena. Este permanecía colgado en el estante de una tienda desde hacía largo tiempo. Resulta que era una maqueta de demostración.

— ¿Maqueta de demostración? —preguntaron todos casi al unísono, como si de una coral se tratara.

—Sí, una maqueta de demostración es un producto que parece real, pero no lo es. Es decir, tiene toda la apariencia, las medidas, incluso los colores, pero no así la consistencia y solidez de una herramienta original. En otras palabras, era un destornillador de... plástico, de pega.

—Stan repetía constantemente lo bueno que era. Se pasaba todo el tiempo denigrándome, indicando que si yo estaba en manos del señor Carpenter se debía solamente a una equivocación. Incluso aseguró que él había sido comprado primero, y que por tanto yo no debería estar en la funda con los demás, pues no lo merecía. Las primeras veces yo estaba lleno de energía y me comía el mundo, así que sus palabras fueron hojarasca, no les presté atención. Pero el tipo era persistente y no hubo un solo día en que no dijera que yo no debería estar allí pues me habían comprado a un precio excesivamente alto.

Aquello no dejaba de resonar en mi mente en cada oportunidad en que salíamos a trabajar, especialmente los días en que estaba cansado. Cuando regresábamos a casa los pensamientos pesimistas eran constantes, y por la noche, cuando el señor Carpenter nos guardaba en la caja, todo se tornaba peor, apenas podía dormir. Lo último que recuerdo es que volvíamos de reparar las líneas de teléfono del pueblo en un día lluvioso. El señor Carpenter nos llevó a su taller, colocó la funda en su lugar, apagó las luces, y en medio de la oscuridad alguien me empujó y... ¡pum!..., crash, bing, plop..., y nada más; de repente todo resultó oscuro y a continuación un silencio sepulcral... Bueno, ahora que estoy aquí con vosotros por lo menos voy consiguiendo información.

El viejo cerrojo se quedó callado, como rumiando cada una de las palabras de Stanley.

4

Herramientas

HERRAMIENTAS

Stanley continuó...

—El señor Carpenter iba añadiendo cada vez más herramientas a la funda. Viajaba hasta los sitios más recónditos sólo para obtenerlas. Muchas eran productos del mercado de segunda mano...

— ¿Mercado de segunda mano? —preguntaron todas con esmerada curiosidad.

Stanley añadió:

—Sí, eran herramientas desechadas y estropeadas por el uso o el tiempo, que el señor Carpenter restauraba con dedicación. Su padre es un reconocido inventor de herramientas y con él aprendió el oficio de restaurarlas. Y también es un experto valorando las posibilidades de cada una. Muchas de ellas las puso en manos de sus amigos para que pudieran trabajar en su gran empresa; otras, sin embargo, lo acompañamos a él en sus viajes de restauración. También las preparaba como herramientas que reparan a otras herramientas, yo mismo he ayudado en la reparación de muchas, lo cual ha sido un trabajo muy emocionante y gratificante.

De repente, la conversación fue interrumpida...

–¿Por qué se estropean las herramientas? –preguntó ansiosa una escuadra que habitaba en el rincón de la caja.

A Stanley le sorprendía que ellos, que también eran herramientas, no lo supieran.

–Unas herramientas se estropean por el uso, otras por el desgaste normal. Cuando ese momento llega, los materiales ya no cumplen debidamente su función, y lejos de reparar, lo que terminan haciendo es estropear todo aquello que tocan. Pero el señor Carpenter, conocedor de esto, tiene todo lo que se necesita para la restauración de herramientas desgastadas. Nosotros solíamos llamarlos herramientas cansadas. Existe también otro tipo de desgaste que sufren las herramientas y es aquel que se produce por el mal uso. Conozco personas que usan las herramientas para una función a la cual no están destinadas, y cuando esto sucede, generalmente terminan lastimando el aparato que quieren reparar viéndose estropeada también la propia herramienta.

– ¿Quieres decir que no todas las personas saben usar las herramientas? –preguntó de nuevo la escuadra.

–Te sorprendería saber la cantidad de personas que se empeñan en hacer cosas usando la herramienta equivocada. Lo curioso es que, cuando no consiguen lo que esperan (por su propia inexperiencia, impaciencia o equivocación) culpan a la herramienta, y después de haberla estropeado y desgastado por el mal uso, la menosprecian. Algunos incluso se deshacen de ella porque perdió el valor que antes tenía para ellos. A esto se le llama negligencia. Por eso el señor Carpenter busca herramientas en estas condiciones y las restaura.

En ese momento de la conversación la linterna iluminó a los demás con sus conclusiones:

—Las herramientas se estropean por desgaste y por el mal uso, interesante.

—Pero hay otro tipo de desgaste —dijo Stanley con un tono de urgencia en su voz.

—El desgaste del desuso. Existen herramientas muy buenas en manos de personas que no tienen idea de cómo usarlas y cuyo placer es más bien coleccionarlas. Las compran, las llevan a sus casas y, simplemente, las arrinconan en un lugar donde puedan exponerlas. De vez en cuando las limpian, pero las herramientas colgadas en una pared o escondidas en algún sitio no tienen valor. El valor real de una herramienta está en el trabajo que pueda desempeñar, porque realmente fue diseñada para trabajar. La herramienta se pudre aunque esté en un pedestal de oro. El tiempo de vida de sus componentes se cumple y por eso a veces, cuando se usan herramientas que han estado mucho tiempo sin uso, a la primera fricción se rompen.

—¡¡¡Ohhh!!!... —exclamaron todos de forma unánime en la caja. Y una sensación de preocupación comenzó a llenar aquel reducido espacio.

Stanley continuó:

—He visto muchas cosas trabajando con el señor

Carpenter, pero lo que más me estremece es ver a una herramienta colgada, inmóvil, inerte…, frustrada. Ha sido creada para hacer obras de arte, para trabajar al lado del constructor, del mecánico, del arquitecto, del ingeniero. Sólo pensar que está colgada ahí, sin hacer nada, mientras hay miles de trabajos que podría realizar, o que otras herramientas están trabajando, empleando todo su potencial, desgastándose en algo útil para la humanidad, esto realmente rompe el corazón. De todas las cosas que os he dicho, lo más indigno para una herramienta es convertirse en un adorno de salón o de taller. Considero a veces mucho más merecedor estar en manos de un inexperto, porque aunque estropee la herramienta, le está dando uso, así la herramienta habrá sido útil y los resultados o la responsabilidad, al final, será de quién la usa. El desuso es algo terrible.

5

Dentro de la caja

DENTRO DE LA CAJA

Los días fueron transcurriendo y a Stanley le invadió una sensación de confort. A pesar de lo violenta que había sido su llegada a la caja, de repente comenzó a entrar en una fase de aceptación. De alguna manera comenzó a acostumbrarse a aquel olor que al principio le asfixiaba y repugnaba. Ahora, sin embargo, apreciaba la viscosa y oxidada textura del interior de la caja, incluso aprendió a buscar entre sus bordes despintados figuras que le parecían interesantes, era un ejercicio diario que lo mantenía activo y del que disfrutaba mucho.

La actitud amistosa y comprensiva de los anfitriones de la caja le ayudó mucho en su proceso de adaptación, de tal manera que ocurrieron dos cosas: perdió la noción del tiempo, y comenzó a olvidar. Se estaba olvidando de su amiga la funda misionera, a las otras herramientas compañeras de equipo, e incluso al señor Carpenter. Stanley se estaba olvidando de su valor y también de su propia historia. En cierto sentido, la vida en la caja lo había apartado de todo y de todos. Parecía como si aquella vieja caja se lo hubiera tragado.

¿Pensaba en los días pasados? Sí, pero de forma diferente. ¿Por qué salir de la caja cuando uno está bien allí? En la caja la intemperie no afecta. En la caja el desgaste es más lento porque las herramientas se pueden permitir el lujo de no moverse y no engordar. Aunque de todas maneras el óxido no perdona, y en muchas ocasiones, sin que ellas se den cuenta del proceso, el óxido se impregna en su interior. En la mayoría de los casos, cuando el óxido es evidente en el exterior significa que el interior está totalmente cubierto.

Stanley comenzó a pensar que de todas formas él ya había hecho su parte en la historia y que era el momento de que otros hicieran la suya. Hasta llegó a pensar que quizá vivir en la caja era un premio por su eficiencia trabajando en las manos del señor Carpenter. ¿Para qué estropearse antes de tiempo en luchas ajenas? ¿Para qué salir corriendo a arreglar cosas que otros habían estropeado? Stanley comenzó a acostumbrarse a la caja.

En la caja había tertulias y disputas todos los días. Las herramientas disertaban largamente sobre las personas, el mundo, lo que estaba bien y lo que estaba mal, incluso hablaban del señor Carpenter y casi proponían y establecían argumentos y opiniones acerca de las demás herramientas, debatiendo lo que el señor Carpenter haría o no haría con ellas. Algunas veces las discusiones subían de tono pues algunos pensaban que el señor Carpenter opinaría como ellos y otros decían que no, que si el señor Carpenter estuviera allí les daría la razón a ellos. En fin, se armaban verdaderas trifulcas verbales, estériles, que no llevaban a ningún sitio y que mucho menos conseguían ayudar a activar el verdadero propósito de ninguna de las herramientas participantes.

Stanley convivía rodeado de tantas herramientas sabias, pero inútiles, cuya forma de pensar era estrecha porque ninguna podía ver más allá de la propia caja en donde se encontraban encerradas, rumiando sus propios argumentos e idealizando cada una su propia historia. De ahí el cambio de mentalidad que Stanley había comenzado a experimentar. Stanley estaba en peligro de volverse uno más de la caja.

Pero un par de conversaciones inesperadas le trajeron de vuelta e hicieron que reaccionara a tiempo. Un buen día, intentado ver un poco más dentro de la caja, Stanley identificó a una vieja llave de plomería. Intentó moverse y llegar hasta ella, pero Martello, el italiano, pesaba tanto que le aprisionaba. Stanley vibró y vibró hasta que con mucha dificultad logró bajar hasta el fondo de la caja y quedar justo al lado de la vieja llave.

—Hola, ¿cómo está? —preguntó Stanley con voz compasiva.

—*How do you think that I am?* —respondió la llave con acento inglés y un cierto aire de desconfianza.

Stanley, dudando, se quedó callado por un momento, pero no pudo evitar seguir con la conversación.

—La vi desde arriba y quise bajar a saludarla —continuó Stanley.

–¿Qué esperas de mí? –respondió la llave– ¿que te invite a un té con leche y galletas? –y a continuación agregó:

–Craftsman, puedes llamarme Lady Craftsman.

Stanley sonrió al ver que la llave aún conservaba su sentido del humor.

–Es un placer señora… Craftsman. ¿Lleva mucho tiempo aquí? –volvió a preguntar Stanley.

–Demasiado –dijo ella–, fui de las primeras en llegar y por eso estoy en el fondo. Pero está bien, me lo merezco.

En ese preciso instante Stanley fue invadido por la curiosidad y preguntó:

–¿Por qué piensa que merece estar aquí? –la vieja llave inglesa se preparó para su respuesta y comenzó su historia:

–*Freedom*. El barco se llamaba *Freedom*, que significa libertad. Llevaba muchos años trabajando en el equipo de herramientas de aquel pesquero. Todo iba muy bien, los hermanos Andrew y Peter eran pescadores expertos que amaban la mar y amaban su oficio. Cada día regresaban a casa con una buena pesca que les permitía alimentar a sus familias y vivir la vida de manera digna.

Stanley, atento a aquella conversación, no le quitaba la mirada de encima.

–Después de mucho tiempo, muchas historias, (y muchas reparaciones), nos sorprendió una tormenta. Pensábamos que sería un día como otros muchos que habíamos enfrentado. Las olas jugaban con el barco como les apetecía. La visibilidad era nula y el frío intenso para Andrew y Peter. Ellos gritaban, saltaban y corrían desesperados por enderezar el pesquero sumido en aquella terrible situación, pero era inútil, se escapaba de sus manos. El agua comenzó a entrar por la parte de abajo, en la zona de motores. Todo aquello era un contraste, fuera el frío era terrible, pero en la sala de máquinas las temperaturas alcanzaban niveles muy altos, realmente altos.

Peter me tomó en sus manos y con mucha valentía se dirigió hacia la parte de abajo para arreglar algo en la zona de la caldera. En su afán, intentó cerrar un tubo caliente, a lo cual yo nunca tuve miedo, y, con toda la fuerza posible, trabajé para retener la presión. Sin embargo, llegó un momento en que tantos años de interminables luchas y reparaciones en el pesquero se hicieron visibles. Aquello no se pudo contener y mi falta de consistencia ante aquel reto hizo que el tubo reventara y el barco se inundara… Todo se acabó. Afortunadamente Andrew y Peter escaparon con vida y fueron rescatados. Al llegar al puerto yo aún permanecía apretada en las manos de Peter que, en un acto desesperado de protesta por lo ocurrido, me lanzó lejos, a un oscuro rincón donde, después de oxidarme durante muchos días, alguien me encontró y terminé aquí, en el fondo de la caja. Ojalá hubiera sido en el fondo del mar… (La nostalgia le invadía poco a poco). El pesquero se hundía y yo no pude hacer nada para evitarlo. Andrew y Peter han perdido su pesquero y su trabajo por mi culpa. No me di cuenta de lo vieja y desgastada que estoy y creía que podía lidiar con aquella situación como siempre había hecho… Bueno, ésta es mi historia. La palabra *Freedom*, ya no significa libertad para mí. En realidad, ha significado mi propio encierro.

Stanley estaba perplejo, nunca había oído nada así, pero detectó que de alguna manera a Lady Craftsman le había hecho bien contar su historia.

Intentando empatizar con la tristeza que Lady Craftsman mostraba, Stanley se atrevió a decir:

—Seguro que no ha sido su culpa, hay cosas que no se pueden explicar de manera sencilla, pero escuchando la historia me parece que no todo era cuestión de retener la presión de una sola tubería. En cuanto a Peter, seguro que volvió al lugar a buscarla, pues una persona inteligente no se deshace de una buena herramienta, especialmente si ha sido de utilidad durante mucho tiempo.

Las palabras comenzaron a animar a Lady Craftsman y Stanley aprovechó para expresar una última reflexión:

—Con las herramientas pasa algo y es que el tiempo de uso también garantiza la confianza. Si eres bueno, siempre contarán contigo. Por eso aún se ven por ahí herramientas muy desgastadas, pero que siguen activas, porque sus dueños aún confían en que son las más fuertes y apropiadas para su trabajo. Un buen trabajador da mantenimiento y cuidado a las buenas herramientas. No se puede dejar de lado, sin más, la experiencia de una herramienta.

Lady Craftsman lo miró agradecida al tiempo que añadía:

—Stanley, pareces un chico listo, creo que tu llegada a este sitio no pasará desapercibida.

Stanley agradeció sus palabras y reanudó su ejercicio

vibratorio que le llevaría de nuevo a la superficie, al lugar donde se encontraba anteriormente. Estaba muy concentrado en volver a la parte de arriba cuando una voz le volvió a interrumpir:

–Stanley, ¿tienes un minuto? –la voz era delicada, más bien refinada, y tenía un acento difícil de identificar, parecía algo así como francés o alemán.

Stanley dijo con un poco de ironía:

–Tengo todo el tiempo del mundo –se giró como pudo y descubrió entre las siluetas a una pequeña navaja suiza. Sus cualidades saltaban a la vista, estaba muy elegantemente vestida de rojo y tenía montones de artilugios que le conferían una apariencia interesante y sofisticada. Además era diferente a las otras herramientas pues por alguna razón lucía limpia y resplandeciente.

–¿Cómo te llamas? –preguntó Stanley.

–Inox, Victoria Inox –le respondió con aquella voz dulce y educada.

–¿Qué hace alguien como tú en un sitio como éste? –dijo Stanley totalmente asombrado.

–Nada –respondió Victoria–, no hago nada, igual que todas las herramientas que estamos aquí. No pude evitar escuchar la conversación que has mantenido con Lady Craftsman (a mí me la ha contado ya cientos de veces) –dijo Victoria con aire de complicidad.

Los dos se echaron a reír en tono amistoso. Victoria retomó la conversación:

–¿Sabes? Pienso que todos los que estamos aquí nos identificamos con lo que tú has dicho acerca del desgaste y desuso de las herramientas. Todos tenemos una historia y una razón por la que hemos llegado hasta aquí. Esto es fácil de imaginar. Lo que realmente nos produce incertidumbre y nadie quiere mencionar es saber qué pasará con nosotros. Cuál será nuestro futuro.

Stanley volvió a preguntar:

–¿Cuál es tu historia Victoria? Cuéntame cómo has llegado hasta aquí.

Victoria lo pensó un momento antes de hablar, ordenó las palabras y comenzó:

–Como puedes observar, soy una navaja suiza. Estoy preparada para múltiples tareas. Puedo hacer muchas cosas y además soy práctica pues mi tamaño permite que sea fácil de transportar. Fui comprada en una exclusiva tienda en el centro de Ginebra por un avisado explorador. La expectativa era grande y a mí, en lo personal, debido a mi fabricación, me encantaba la idea de experimentar una vida de aventuras. Fui creada para ello. Soñaba con estar viajando por inhóspitos lugares en mitad de Australia, o quizá en las profundidades de una selva africana cortando maleza y mangos, o bajo el intenso calor del Sahara, cavando agujeros, reparando algún viejo y arenoso Jeep o abriendo latas de refrescante bebida; y claro, todo ello sin perder mi estilo, mi clase, o mi belleza, pues fui concebida de esa manera. Cuando el explorador me compró, me colocó en su mochila y allí conocí a otras herramientas: unos picos gemelos que siempre bromeaban, un tosco y rudimentario martillo de origen alemán y una vieja navaja china llamada Katana, la cual no paraba de presumir acerca de sus raíces orientales.

Stanley había quedado ensimismado escuchando cada detalle que salía de la boca de la preciosa Victoria, quien al contar su historia no cesaba de mover sus múltiples accesorios como para exhibirse ante Stanley.

—Te lo aseguro, intente por todos los medios conectar con ellos, pero eran tan...vulgares y corrientes... Llegué a la conclusión de que no eran de mi estirpe ni de mi estilo, y para colmo, al ver mis cualidades comenzaron a decirme groserías acerca de mi resistencia y mi tamaño. Pero yo sé que eran actitudes alimentadas por los celos, vivían envidiando mi forma. Resultaba evidente que carecían de educación alguna. Está claro que existimos herramientas con mucha más clase que otras.

—Y qué pasó entonces —dijo Stanley con ansias de saber más.

—Ese día discutimos, siempre lo hacíamos. Pero esta vez la discusión se acaloró mientras mi dueño corría como un loco en la estación de trenes, lo sé porque los altavoces no paraban de llamar: "A todos los pasajeros con destino París, por favor aborden por la puerta número siete, vía dos...". Mientras tanto, dentro de la mochila nuestras discusiones no cesaban; hasta que aquel día, en aquella estación de tren, mi dueño, con las prisas, tiró la mochila, que tenía la cremallera semicerrada, en medio del equipaje. No pude evitarlo, caí rodando hasta un oscuro e inaccesible rincón debajo de los asientos del tren. Pasaron muchos días y finalmente me encontraron. Estuve otra eternidad en el apartado de objetos perdidos de la estación central de

Atocha, en Madrid, pero nadie me reclamó...

Stanley permanecía conmovido.

—Adiós a mi vida de aventurera, adiós a Australia, a la selva africana o sudamericana, o lo que fuera...

—¡Cuánto lo siento! —dijo Stanley interrumpiendo a Victoria quien había dejado de mover sus artilugios y esta vez comenzaba a mostrarse más humilde.

—Escuchar tu historia de la funda misionera y todo eso me ha hecho reflexionar en que pude haber sido más amable con mis compañeros de viaje. Nunca llegué a formar un equipo con ellos, nunca corté, ni hice fuego, ni siquiera llegué a abrir una lata de refresco. Nunca llegué a hacer nada. Tanta preparación y expectativas, tanta apariencia ahora ya no tiene razón ni sentido. No recuerdo cómo ni cuándo, lo único que sé es que, de repente, sin saber cómo, terminé en este lugar. Y aquí me ves. Creo que soy parte de las herramientas que tú mencionabas, las que se estropean por el desuso.

Stanley sintió de nuevo que aquella pobre navaja estaba frustrada y desesperada y que a ella también le había hecho bien contar su historia. A pesar de todo lo que le había sucedido en la vida, Victoria seguía siendo una promesa, guapa, inteligente y con muchas posibilidades de ser útil.

Stanley comenzó a sentirse afortunado por haber sido parte del equipo del señor Carpenter. Las historias de Lady Craftsman y Victoria le habían impactado y de nuevo recordó que él era un útil y muy valioso destornillador, que aún tenía mucho que dar y que no podía permitirse ser un frustrado más dentro de aquella caja. Fue entonces cuando por primera vez en mucho tiempo volvió a sentirse como el día que llegó, y un pensamiento empezó a tomar forma en su mente: ¡Hay que salir de la caja y volver a ser útiles!

–Victoria –dijo Stanley con voz resuelta–, creo que al igual que en el caso de Lady Craftsman tú tampoco podrías haber hecho nada. Ni siquiera pienso que tus compañeros de mochila pudieran haberlo evitado. Simplemente te has perdido en el camino, pero tu potencial sigue estando intacto. Lo único que hay que hacer es salir de aquí y buscar la manera de que vuelvas a ser útil.

Sólo una pequeña observación al respecto, si me lo permites – dijo Stanley cerrando la conversación–, eres una hermosa navaja suiza con muchas facultades y posibilidades, pero quizá necesitas aprender que las herramientas no determinamos las labores. En otras palabras, debemos hacer aquello para lo que fuimos diseñadas en el lugar donde estemos, dando lo mejor de nosotras en cada oportunidad. También es importante entender que no se trata de tener clase o no, que lo más relevante para una herramienta no es ser la mejor, sino ser útil. Cada una de nosotras tiene sus cualidades y complementamos a otras herramientas en el trabajo. Por tanto, cuanto más rápido aprendas esta parte de la lección, mejor podrás enfrentar lo que está por venir.

–Creo que ya había reflexionado sobre ello –dijo Victoria aliviada–, pero muchas gracias por expresarlo, eso me hace pensar que voy en la buena dirección – añadió.

–Bueno, me voy arriba –dijo Stanley resuelto.

Stanley comenzó a dar las primeras vibraciones cuando se acordó de algo y preguntó:

–Victoria, tu acento me suena un tanto particular, ¿es francés?

–Francés con una mezcla de alemán, italiano y romanche –respondió Victoria–, pues en Suiza estos cuatro idiomas son oficiales, dependiendo de en qué lugar del país vivas.

Stanley asintió con un movimiento de su cuerpo en señal de que había comprendido, e inmediatamente vibró de nuevo, pues este movimiento le permitía desplazase en medio de la estrecha caja de herramientas.

6

LA CONVERSACIÓN

El Señor Carpenter llegó muy temprano, pero más temprano aún había llegado Gabriel, el coordinador de repartos.

En el aparcamiento el único coche que yacía era la furgoneta en la cual se podía leer un llamativo rótulo: **Carpenter & Company.** Como lema tenía: "Nuestra misión, la restauración".

Gabriel saludó muy respetuosamente al señor Carpenter y colgaron sus chaquetas en el colgador que se encontraba ensamblado en la blanca pared del gran edificio. Mientras se dirigían al despacho, Gabriel aprovechó para dar algunos reportes preliminares al señor Carpenter:

—Hay muchísimas peticiones de restauración, nuestra gente está colapsada, hacen falta obreros —sus palabras reflejaban preocupación.

—Lo sé —añadió el señor Carpenter—. He hecho un llamado a toda la gente que quiera y pueda venir a trabajar para que lo hagan y nos ayuden. No es tan fácil encontrar obreros dispuestos.

El señor Carpenter ocupó su sitio al otro lado del escritorio y tomando el libro de registro de obreros, comenzaron. Esta vez el señor Carpenter tomó la palabra y dijo:

–Es muy importante que los obreros sepan su función y el lugar donde les he destinado a trabajar. Es determinante que entiendan claramente lo que se espera de ellos. Hay muchos casos de obreros en lugares equivocados, ya sea por ignorancia o porque ellos mismos han decidido moverse. También sé de casos de obreros que, aunque se les ha comunicado un cambio de destino, rehúsan dejar su lugar actual de trabajo al sentirse muy cómodos y seguros donde están y con lo que ya pueden manejar; temen las nuevas asignaciones.

Gabriel prestaba una reverente atención.

–En repetidas ocasiones me llegan peticiones preguntándome qué es lo que quiero que hagan y dónde quiero que estén. Es evidente que les hace falta conocer la visión y la dinámica de la empresa, si revisaran más detenidamente el manual de procedimientos seguro que no les sería difícil encontrar su lugar.

Gabriel aprovechó este punto para tocar un tema que le rondaba la cabeza desde hacía algún tiempo.

–Señor Carpenter, yo me muevo continuamente entre los obreros y también he observado lo mismo, muchos de ellos se encuentran un poco perdidos en su propósito, y esto es muy preocupante porque no saben qué hacer, y mientras, se acumulan las peticiones de restauración desde todos los lugares.

También he observado que no saben aprovechar las herramientas que les proveemos para trabajar. Hay algunos que siempre están quejándose de que no tienen recursos y de que necesitan ayuda, pero ignoran o menosprecian las herramientas que se les han asignado, ni siquiera pueden ver el potencial de las que tienen a mano. Por otro lado, hay otros que con muy pocos recursos hacen un trabajo extraordinario.

El señor Carpenter estuvo de acuerdo y añadió:

—Así es, yo mismo he tenido que relevar a muchos de ellos porque no eran fieles ni eficaces. El poco trabajo que habían realizado lo tuvieron que retomar otros con mayor experiencia. No podía confiar en ellos. Los que no son fieles en lo poco tampoco lo serán en lo mucho.

Ahora era el turno de Gabriel:

—No sé por qué razón muchos creen que las herramientas de los otros son mejores que las que ellos tienen. Algunos se confunden en el proceso cuando ven que otros avanzan en sus labores. Sucede que ellos también quieren hacer lo mismo, ignorando que cada uno tiene las herramientas que va a necesitar en su área de trabajo y que son las correctas, precisamente, para desarrollarse en el sitio en que se encuentran.

El señor Carpenter tomó entre sus manos una carpeta y se dirigió a Gabriel, esta vez para comunicarle algo que parecía muy importante a juzgar por el tono de su voz:

—Gabriel, nos acercamos a un tiempo determinante en el marco de la existencia de la empresa y mi padre nos ha encomendado una tarea muy especial a la que él ha llamado *"La última entrega"*. Su idea es hacer la mayor cantidad posible de trabajos de restauración antes de cerrar el modelo actual de empresa y entrar en un período de reestructuración. Para ello serán necesarias todas las manos posibles en el trabajo. Necesitaremos también todas las herramientas, pues el tiempo del que disponemos no es mucho. Cada obrero debe tener mentalidad de restaurador y cada herramienta debe estar lista y ser aprovechada al máximo, pues el reto a asumir es muy elevado.

Gabriel, sin vacilar, tomaba nota de las palabras del señor Carpenter y mientras escribía le surgió un interrogante:

–Señor Carpenter, ¿cómo resolvemos los problemas de ubicación y propósito de los obreros? Eso de lo que estábamos hablando al principio.

–El Maestro. Él será quien lo resuelva –añadió el señor Carpenter con determinación–. Mi padre ha enviado al Maestro a cada uno de los departamentos para que enseñe claramente el manual de procedimiento a los obreros y que éstos a su vez lo enseñen a otros obreros. También les capacitará en el uso adecuado de las herramientas que les han sido asignadas, de esta manera ningún obrero estará fuera de su lugar y ninguna herramienta se desperdiciará. Él también les comunicará la urgencia de esta misión y llamará a otros obreros capacitados de diferentes lugares para sumarse al trabajo.

Gabriel reaccionó entusiasmado:

–¡Es perfecto!, de esta manera los obreros conocerán en profundidad la visión y la dinámica de la empresa, sabrán dónde deben estar y cuál es el trabajo que se espera de ellos. Lo único que tendrán que hacer es escuchar al Maestro y seguir sus instrucciones.

El señor Carpenter tomó de nuevo la palabra y en tono reflexivo añadió:

—La última entrega va a ser un desafío para cada obrero, su actitud, su compromiso y su experiencia serán probadas. También la calidad de cada herramienta será puesta a prueba. Se acerca un tiempo muy emocionante.

7

La caja se mueve

LA CAJA SE MUEVE

Esa tarde el señor Carpenter regresó al gran almacén y dejó caer su funda de herramientas (la funda misionera para Stanley), al lado de aquella vieja caja de herramientas. Un destornillador plano llamado Hudy golpeó con su cabeza en la caja y le llamó la atención el ruido que se había generado dentro de la misma.

Hudy, con curiosidad, hizo lo posible para vibrar y golpear de nuevo la caja. A su compañera Ali le invadió la curiosidad, (la llamaban Ali porque era un leal y eficiente alicate americano, aunque su nombre era Alicia Kate).

–¿Qué haces, Hudy? –preguntó Ali con curiosidad.

–¡Sssssssssssshhhhhhhhhh!, ¡silencio! –dijo Hudy en voz baja y concentrándose totalmente en el borde de la caja.

Dentro, Stanley había escuchado el ruido y también sentía curiosidad por saber lo que ocurría fuera. Escuchó algunos golpecitos de forma seguida y el murmullo de voces de herramientas al otro lado. Casi de inmediato reconoció la voz de su gran amigo Hudy e hizo un intento por dejarse oír:

¡Hudy!, ¡Hudy!... ¿eres tú? –dijo Stanley elevando la voz todo lo que pudo. Mientras al otro lado:

–¡Stanley!, ¡Stanley!... ¿estás ahí? –exclamó Hudy con desesperación.

Stanley escuchó a Hudy y le alegró mucho que Hudy pudiera escucharle a él. Así que decidió seguir intentándolo:

–Escucha, Hudy, estoy dentro de la caja hace varios días y no sé cómo salir de aquí –dijo Stanley casi gritando.

Hudy no podía creer lo que estaba escuchando y con gran entusiasmo respondió:

–¡Stanley, amigo mío, qué alegría oír de nuevo tu voz! ¡Te hemos echado tanto de menos! Nos dimos cuenta de que te había pasado algo cuando apareció Stan en la funda misionera. Él quiso ocupar tu lugar y nos convenció de que tú te habías marchado por tu propia voluntad. Nos dijo que estabas harto de tus compañeros, que pensabas que todos éramos unos incompetentes y que tú eras quien resolvía las cosas por nosotros... –dijo Hudy también a gritos.

Mientras tanto, las demás herramientas estaban muy atentas a la amigable y emocionada voz que se dejaba oír al otro lado de la caja, y se acercaron todo lo que pudieron para seguir escuchando.

–Pero..., tú sabes que eso no es cierto, ¿verdad? –gritó de nuevo Stanley desde dentro.

–Por supuesto, no solamente yo, sino también todas las demás herramientas de la funda: Ali la alicate, las hermanas

Brocas, las llaves Martínez, y Bob, la tenaza. Todos sabemos que era una mentira de Stan. Lo comprobamos el día que salimos a trabajar juntas, fue él quien comenzó a gritar y a insultar a todas, a quejarse del señor Carpenter y de todo el mundo. Decía que éramos una pandilla de incapaces –relató Hudy.

–¿Y qué ha pasado con Stan? ¿Sigue con vosotros? –preguntó Stanley.

Hudy entonces continuó:

–No, él se ha roto por completo. Presumía de ser tú y como se parecía a ti, pienso que en realidad llegó a creerse que lo era. De hecho hubo momentos en los que se molestaba cuando hablábamos de ti, casi nos llegó a prohibir mencionar tu nombre. De alguna manera se sentía amenazado cada vez que contábamos alguna aventura de las que hemos vivido contigo. Sinceramente, era un tipo extraño.

–¿Y qué fue lo que ocurrió? –preguntó de nuevo Stanley con curiosidad.

Hudy retomó la conversación:

–Aquel día el trabajo era muy importante. Nos tocaba preparar el sistema de alarmas de incendio de la escuela del pueblo. Stan, como siempre, seguía gruñendo a cada compañero que se cruzaba en su camino, ni siquiera los tornillos se escaparon de sus envenenadas palabras. Todo parecía irle bien y hasta logró por algún tiempo encajar algunas tuercas, pero, de repente, justo cuando hacía alarde de su gran sabiduría y fuerza, se escuchó un repentino crujido y... ¡Stan se partió en dos pedazos! Él mismo se quedó atónito al verse roto y derrotado.

Por una vez en su vida cerró su boca avergonzado mientras todos le mirábamos sorprendidos. Fue entonces cuando comprendimos que lo más importante no es hablar, sino demostrar la calidad en el momento del desafío.

Stanley estaba impresionado de oír las palabras de Hudy, una parte de él sentía tristeza por Stan, pero por otro lado llegó a la conclusión de que era algo que él mismo se había buscado al pretender ser lo que no era y hacer algo para lo que no había sido diseñado.

—¿Cómo está el señor Carpenter? —preguntó Stanley.

A lo que Hudy respondió:

—Echándote de menos. Él sabe que estás aquí y esta mañana se disponía a buscarte, pero se ocupó de un asunto muy importante, creo que deberías saberlo.

A Stanley le consumía la curiosidad.

—¿Qué asunto importante? —preguntó.

Hudy se acercó lo más que pudo al borde de la caja y continuó:

—*La última entrega.* El señor Carpenter ha comunicado a Gabriel el responsable de repartos, que empezaremos a trabajar en un proyecto grande que se llama "La última entrega". Consiste en hacer la mayor cantidad de trabajos de restauración en un tiempo específico. La empresa va a cambiar su forma de trabajo y por ello se iniciará este proyecto en el que serán necesarias muchas manos para trabajar y, por supuesto, todas las herramientas posibles.

Hudy no podía esconder su entusiasmo, y queriendo que Stanley no perdiera ningún detalle, siguió con su reporte:

—El señor Carpenter y Gabriel comenzarán a buscar obreros y herramientas por todas partes para que se unan al trabajo. El señor Carpenter también ha mencionado que vendría el Maestro para enseñar a los obreros el manual de procedimientos para que todos conozcan la visión de la empresa y sepan cuál es su lugar y lo que deben hacer con el Manual de Procedimientos, los obreros también aprenderán a manejar debidamente las herramientas que les han sido otorgadas para el trabajo, de manera que no estén en desuso o desperdiciando su potencial en algún rincón. Creo que eso es una muy buena noticia, y sabía que a ti te interesaría escucharla —dijo Hudy.

Stanley vibró, literalmente, de alegría al otro lado de la caja. Llegó a la conclusión de que había llegado el momento de salir y con gran entusiasmo se dirigió a sus amigos de dentro de la caja:

—Éste es el tiempo perfecto para el cual fuimos hechos. Toda nuestra vida útil y nuestro potencial debe exponerse ahora, no podemos quedarnos aquí hasta oxidarnos, no podemos permitir que nuestras culpas, nuestros miedos y nuestras incertidumbres nos impidan ser parte de un tiempo tan importante en que seremos de muchísima utilidad. ¡Es hora de abandonar esta vieja caja y sumarnos al gran proyecto del señor Carpenter! ¡Amigos, "La última entrega" nos espera, ha llegado el momento de la restauración, ha llegado el momento de moverse! —concluyó verdaderamente emocionado.

Las demás herramientas celebraron las palabras de

Stanley y gritaron tan alto como pudieron. Aquello sonaba a motín, habían sido contagiadas de la esperanza que transmitían las palabras de Stanley y todas, al unísono, comenzaron a vibrar. La caja se estremecía literalmente, ¡se movía!

−¡¡¡¡SILENCIO!!!!! −una voz autoritaria rompió el ambiente de júbilo.

Las herramientas intentaron identificar su procedencia. La linterna se activó y al sonido de un click se iluminó la parte superior de la caja. En uno de sus bordes yacía Fac, el viejo cerrojo. Su apariencia lucía esta vez más sólida, fría e imponente que nunca. Sus dos bisagras semioxidadas evocaban una pared impenetrable y su voz no ayudaba a relajar mucho los ánimos, todo lo contrario, era decidida, irónica y un tanto despiadada. Fac permanecía allí atrapando las puertas de la caja con su viejo y oxidado mecanismo de seguridad que empotrado en las dos puertas de la caja, impedía que éstas se abrieran, cuando la caja comenzó a estremecerse. Con actitud desafiante miró a las herramientas y a continuación sentenció:

−Nadie va salir de aquí, nadie puede salir de aquí.

Todos le miraban atónitos y desconcertados, esperando que se tratara de una broma de mal gusto.

Pero no era así. Fac, el cerrojo, no estaba contento con lo que estaba ocurriendo y, mucho menos, dispuesto a ceder, y se dispuso a explicar las razones en un tono místico pero autoritario:

−La situación es muy sencilla, estamos aquí porque ya no valemos para el trabajo que el señor Carpenter está haciendo.

Si hemos llegado a este lugar ha sido por la gracia del señor Carpenter que nos ha cedido este pequeño espacio para terminar nuestros días de manera digna. Debemos ser agradecidos con él, pues no permitió que nos oxidáramos a la intemperie y en soledad. Además, nos dejó venir aquí para que al final de nuestra vida pudiéramos encontrar una familia con la que disfrutar nuestro tiempo de no-utilidad a la sociedad. Desde que fui puesto aquí, como cerrojo de esta caja, he comprendido mi elevada misión, la cual es brindar seguridad a los que estén dentro. Así que quien quiera salir, lo hará bajo mi criterio. Si alguien pretendiera salir sin mi permiso, se convertirá en un rebelde; y que lo tenga claro, no conseguirá entrar de nuevo... jamás.

Las palabras del cerrojo resonaron de manera dura, fuerte y determinante como cuando se cierra una pesada puerta. Las herramientas seguían en estado de shock. En un momento pasaron de estar llenas de esperanza, a la máxima impotencia, pues sabían que el cerrojo era la pieza indispensable para salir de aquella caja. Sin el cerrojo no podrían cumplirse por fin los sueños que de pronto Stanley había despertado en ellas.

¿Realmente era cierto lo que decía Fac? ¿De veras estaban destinadas a ser consumidas por el óxido dentro de aquella caja? Y si era así ¿por qué Stanley invertía tanto tiempo en animarles? Pues desde que Stanley había llegado a la caja no había dejado de hablar con cada una de ellas, escuchando sus historias, ofreciendo su consejo y brindando esperanza a un puñado de olvidadas herramientas convencidas de que sus días de utilidad ya habían terminado. Todo parecía tan injusto.

El cerrojo seguía allí plantado, en el borde de la caja, con su mecanismo de seguridad activado. Estaba decidido y hubiera continuado así de no ser porque algo inesperado ocurrió:

Eran ocho; ocho pequeños tornillos que ocupaban un diminuto espacio en cada una de las esquinas de las bisagras que componían la chapa del cerrojo, las cuales sostenían respectivamente el mecanismo de seguridad que hasta ahora mantenía la caja cerrada. Fac se sentía orgulloso, y a la vez poderoso, cuando hablaba de su "avanzado" mecanismo de seguridad. Con esto lograba que las herramientas de la caja se volvieran una suerte de rehenes a su voluntad. Pero volviendo a los tornillos, eran pequeños, casi insignificantes, por tanto, habían pasado desapercibidos todo aquel tiempo y sin embargo, estaban allí. Ellos habían visto llegar a Stanley, habían escuchado cada historia, habían entendido claramente la posibilidad de ser útiles para cumplir un sueño más grande fuera de la caja y también se habían llenado de esperanza al igual que el resto de sus integrantes.

Un pequeño tornillo irrumpió aquel estado de tensión y puso la situación en una perspectiva diferente:

—Nos marchamos —dijo el pequeño tornillo en tono desafiante.

Fac, el cerrojo, quedó mudo por un momento al escuchar aquella diminuta voz. De repente soltó una sonora carcajada mientras incrustaba su mirada en ellos con desdén:

—¡Jajaja, jajaja!..., ¿y a dónde se supone que iréis? ¿No habéis escuchado que nadie sale de aquí sin mi consentimiento?

En honor a mi trabajo de celador y guardador del orden de este sagrado recinto, os ordeno que os olvidéis de Stanley y sus locas ideas. Además sólo sois unos insignificantes tornillos en los cuales nadie, absolutamente nadie, se fijará. Miradlo de este modo: ni siquiera llegáis al grado de herramientas. ¿Para qué valéis?..., para nada. Hacedme caso, quedaos tranquilos y aquí estaréis seguros para siempre. ¿Por qué queréis convertíos en unos rebeldes por una loca aventura de la que no tenéis certeza alguna? Reconocedlo, fuera de esta caja no sois nadie… (y tampoco dentro, pensó para sí), os conviene asimilarlo… ¡jajaja! ¡jajaja!

Acto seguido se dirigió a las demás herramientas y, con vehemencia, comenzó un improvisado discurso:

¿Acaso no os habéis dado cuenta de que no sois importantes? Nadie ha venido a buscaros en mucho, mucho tiempo, si no, preguntad a Lady Craftsman, ella es una de las primeras residentes de la caja, y aún así, cuando llegó yo ya estaba aquí, listo para cumplir con mi misión: velar por cada uno de los que entraban en la caja, guardándoles y cuidándoles de la humedad, del viento, del polvo, del calor y aún del frío invernal. Con el óxido no había nada que hacer, pero aún así tenéis que reconocer que he hecho mi trabajo de la mejor manera que he podido manteniendo cerradas las puertas de este lugar. Si hay alguien que se ha preocupado por vosotros, ese he sido yo. Sinceramente, yo me he entregado de manera total a esta misión. Me he encargado de que las cosas marchen como deben, ¿y así me lo pagáis? Deberíais ser un poco más agradecidos. Creo que en un momento como éste nos viene bien recordar algunas cosas…

Fac se dirigió a Martello y con un marcado aire de superioridad le ordenó:

—Martello cuenta tu historia, pues seguro que los amotinados entrarán en razón al escucharte.

Martello se abrió paso con mucha facilidad en medio de la caja, pues era un martillo pesado y grande aunque muy tímido al mismo tiempo.

—No era capaz de hacer nada bien —dijo Martello—. Cada vez que me usaban destruía todo lo que tocaba, muchas veces me pregunté por qué me habían hecho así como soy, grande, pesado y torpe. Nunca recuerdo haber construido algo, solo recuerdo polvo, estruendo y destrucción provocado por mí. Eso es muy triste porque siempre he oído que las herramientas son instrumentos de reparación y no de destrucción. Los demás del equipo no paraban de llamarme gordo, pesado y destruyelotodo. Por tanto, después de pensarlo mucho tiempo, aproveché un momento en que me colocaron cerca de la caja y me refugié en este lugar. Sin amigos, sin utilidad y sin destino, renuncié a ser una herramienta, renuncié a tener que ver la destrucción que causaba cada vez que salía a trabajar. Martello tenía que desaparecer y eso fue lo que hice: quitarme de en medio. Aunque reconozco que me hubiera gustado tener un equipo de amigos como Stanley, sin embargo, desafortunadamente, mis amigos no ayudaban a que me sintiera mejor. Yo realmente era un fracaso hasta que llegué a la caja y fui recibido con amabilidad y compañerismo por Fac, a él le debo el estar aún aquí.

Stanley tuvo que tomar de nuevo la palabra y se dirigió a Martello:

–Martello, creo que estás un poco confundido. Tú eres como eres porque tu forma de ser cumple una importante función en el trabajo de restauración. A veces, para restaurar hay que destruir por completo las cosas que no se necesitan y nadie lo hace mejor que una buena herramienta como tú. Cada uno de nosotros tenemos una función importante y estando en las manos correctas, juntos colaboramos en el proceso de restauración para mejorar la vida de las personas a quienes ayudamos. Creo que no has hecho bien al ocultarte y huir de tu misión, eso no soluciona nada de lo que puedes sentir interiormente. Fuiste hecho para estar en el campo de acción y enfrentarte a murallas fuertes y gruesas, a estructuras poderosas, y nadie lo hace mejor que tú. Seguro que a estas alturas te echarán mucho de menos cuando haya que destruir aquello que impide los trabajos de restauración. Fac no entiende esto porque su función es diferente a la tuya, y aunque te ha mostrado compañerismo y amabilidad, no te ha ayudado nada a remediar tu situación. Sólo me queda decirte que es tiempo de volver al campo de acción, no te ocultes más, únete a nosotros y no volverás a estar nunca solo.

A Martello aquellas palabras le cayeron como agua en la boca del sediento, sus ojos se iluminaron y la esperanza y la alegría volvieron a inundarle. Martello, con un movimiento torpe y pesado se puso del lado de Stanley dando a entender que nada impediría su vuelta al campo de acción. Un profundo y tenso silencio invadió el lugar. Mientras tanto, Fac luchaba en su interior con una mezcla de furia y auto-conmiseración, y justo antes de que retomara su discurso se escuchó un repentino y débil ruido que rompió el largo silencio que se había apoderado de la caja.

Bzzzzzzzttt, bzzzzzzzt, bzzzzzzzt…, y así continuó por un momento hasta que el cerrojo se dio cuenta de lo que ocurría: los pequeños tornillos habían comenzado de nuevo a girar simultáneamente sobre sí mismos, y el cerrojo, de repente, comenzó a sentirse un poco más libre. A decir verdad, una cierta ingravidez mezclada con un profundo miedo empezó a invadirle, y automáticamente gritó:

–¡Parad!, ¡parad!..., ¡no podéis hacerme esto!, no podéis soltaros de vuestro sitio, el sistema de seguridad de la caja se rompería, las puertas se abrirían y todo habrá acabado – el miedo ya no era miedo, era pavor.

Stanley aprovechó para intervenir:

–Todo se habrá acabado para ti, Fac; la realidad es que este lugar te ha resultado muy seguro, y aunque has hecho tu trabajo, en algún momento has perdido la perspectiva de que la caja no es más que un sitio para guardar herramientas, un lugar de protección, pero para seguir funcionado con eficacia, no un cementerio de potencial. Sé que los cambios son duros, pero creo que debes empezar a asimilar que las cosas están a punto de cambiar y que no volverán a ser igual.

Ha pasado mucho tiempo, demasiado tiempo, en el que las herramientas han estado aquí encerradas sintiéndose inútiles, mientras tú te sentías realizado con tu forma de ver las cosas y tu sistema de guardia. Pero debes entender que no hay forma de que puedas cambiar las cosas. Por mucho que luches y argumentes o por mucho temor que pretendas transmitir, tarde o temprano cada herramienta descubre que ha sido hecha para algo más que para oxidarse y terminar su vida útil encerrada en una caja; y cuando lo descubre no hay cerrojo que pueda detener el cumplimiento de la misión para la cual fue creada. Las herramientas estamos listas para enfrentar la hostilidad, nos encanta el trabajo duro, no necesitamos paralización, necesitamos desafío; no necesitamos quietud, necesitamos propósito.

Es probable que para ti la caja lo sea todo, sin embargo, para nosotros es sólo un momento, una pausa en el camino; y aún hay mucho que hacer allá afuera, y lo haremos, nos uniremos al señor Carpenter, sus obreros y su gran equipo de herramientas, haremos aquello que mejor sabemos hacer: restaurar, restaurar y restaurar. Ni tú ni nadie nos impedirá sumarnos al proyecto de "La última entrega" en el cual daremos lo mejor de nosotros mismos. Así que chicos: ¡preparaos! ¡la caja se mueve y nosotros también!

Todos a su alrededor recobraron la esperanza y la alegría estallando en un sonoro ¡síííííííí!... Seguro que si hubieran tenido manos, hubieran aplaudido de forma estruendosa.

Las palabras de Stanley eran acertadas y desafiantes. Pero aún faltaban un par de cosas que añadir:

—Fac, tú has tenido el privilegio de estar aquí desde el principio, has conocido a cada herramienta que ha llegado a este lugar, pero te has centrado en tu mecanismo de seguridad sin conocer en realidad a tus compañeros. Has confundido tu función y has olvidado la misión. Tu trabajo era abrir y cerrar manteniéndote siempre flexible, tu misión era ser el mejor compañero de viaje para cada uno de nosotros. La caja debía ser un lugar de descanso e inspiración para salir fuera a cumplir con nuestras asignaciones, pero debes reconocer que lejos de ser un protector, sin quererlo y quizá sin saberlo, te volviste un manipulador y un dictador.

Fac se agarraba con fuerza y determinación a las puertas de la caja. ¡Supuraba indignación! Nadie se había atrevido a hablarle así en todo el tiempo que sirvió en la caja. Las palabras de Stanley eran firmes y respetuosas. Finalmente Stanley agregó:

—Cada herramienta es valiosa, cada elemento que sirve para el proceso de restauración es importante. Me refiero a los tornillos. Son pequeños y aparentemente insignificantes, pero son los que sostienen la estructura de las cosas, sin ellos todo se viene abajo. Cometemos un grave error cuando creemos que podemos prescindir de los pequeños, los que a nuestro criterio son más débiles e incapaces, y todo se acaba cuando ignoramos la importancia de su papel en todo este asunto. Creo que estás a punto de darte cuenta de ello.

Y el sonido regresó: bbbzzzzzt, bbbzzzzzzzt, bbbzzzzt... Los pequeños tornillos giraban y uno a uno fueron liberándose del agujero en el que estaban. A continuación se escuchó un seco ¡crash!... el inequívoco sonido de un pedazo de metal que caía y se estrellaba con otras piezas de hierro y plástico.

Fac caía al suelo sin remedio y dividido en dos pedazos, con una expresión de derrota que no podía ocultar. Seguidamente un soplo de aire fresco se dejó sentir en el ambiente y aquel olor a óxido empezó a disiparse.... ¡Las puertas se habían abierto!

Fuera de la caja Hudy y Ali habían seguido con suma atención todo lo acontecido, habían escuchado cada una de las intervenciones.

Cuando el mecanismo de seguridad se desactivó, las puertas se abrieron y Hudy pudo presionar desde fuera, pero no era suficiente para que Stanley y las herramientas en el interior salieran, además ¿cómo iban a salir sin manos ni pies? ¡Eran herramientas! Así que Stanley tuvo una idea.

–Chicos, ¿recordáis cuando vibraba y me acercaba a vosotros para hablar y escuchar vuestras historias?

–Síííí… –dijeron todos al unísono. La caja de nuevo se estremeció–. Entonces vamos a hacerlo todos…, vamos a vibrar juntos hasta que la caja se mueva y las puertas se abran por completo.

Cuando todos estuvieron de acuerdo el ejercicio vibratorio comenzó: bbbrrrrrr…, mmmbbbrrrrr…, mmmbbbrrrrrr…, y aquello vibró de manera estruendosa. La caja no sólo se movía sino que saltaba sobre sí misma, la mesa que la soportaba también se estremecía con ella hasta que las estructuras no pudieron más y…

–¡¡¡BBBBRRRRRRRUUUUUUUMMMMMMMM!!!

Cayó al suelo y todas las herramientas quedaron al descubierto, dispersas en medio de la oscuridad. Instintivamente, Eva, la linterna, se encendió y cada una de ellas comenzó a reconocerse. La funda misionera había caído también y allí estaban ajustados en su dorso los amigos de Stanley: Ali, la alicate, las hermanas Brocas, las llaves Martínez y Bob, la tenaza.

Hudy lanzó un fuerte grito de victoria:

–¡Sí señor!, lo habéis conseguido, estáis fuera de la caja! –Stanley no podía ocultar su alegría y las demás herramientas lo celebraban con él. Si bien no podían disimular cierto temor, se sentían felices al ser libres. Finalmente se encontraban fuera del lugar que las había aprisionado y condicionado por mucho tiempo, y a pesar de la incertidumbre, la disposición a una nueva aventura se reflejaba con entusiasmo en cada una de ellas.

8

La última entrega

LA ÚLTIMA ENTREGA

Por la mañana el señor Carpenter regresó al gran almacén acompañado del Maestro y vieron aquel tremendo espectáculo de utensilios dispersos por todo el suelo.

—¡Ah!, nuestra vieja caja de herramientas…, al fin se rompe —dijo el señor Carpenter—. Sabía que tarde o temprano esa vieja caja no iba a poder con tanta herramienta pues son instrumentos muy útiles y valiosos que he ido seleccionando para un tiempo como éste. Con una buena limpieza y engrasado estarán perfectas, listas para el trabajo.

Se inclinaron juntos para ordenar el caos y mientras tomaban en sus manos cada herramienta hablaban de su historia y su potencial. El Maestro respondió emocionado:

—Está claro que las herramientas no se hicieron para permanecer oxidándose en una vieja caja; si no se hubiera roto por sí sola, yo mismo la hubiera roto, especialmente ahora que iniciaremos *"La última entrega"* y necesitaremos todas las herramientas posibles.

El Maestro tomó un juego de herramientas pequeñas, trapos y una pequeña lata de aceite especial, a continuación empezó a limpiar con sus manos el óxido de cada una de las que habían encontrado en el suelo, reparando así los daños que el largo tiempo dentro de la caja les había causado. Y mientras lo hacía, sus ojos brillaban con alegría y con la expectativa de ver aquellas herramientas funcionando a pleno rendimiento en las manos de alguien que supiera usarlas debidamente. El señor Carpenter tomó a Stanley, lo colocó de nuevo en su funda y se la ciñó con aire decidido. Cuando todo estuvo listo, el señor Carpenter y el maestro salieron del almacén. Se dirigieron a la empresa y, tal como esperaban, la entrada estaba llena de gente, todos con sus respectivos vestidos, esperando las órdenes para comenzar a trabajar en "La última entrega".

Gabriel y su equipo se habían encargado de coordinar el reparto, hacían llegar las instrucciones que el señor Carpenter tenía para los obreros. El Maestro, por su lado, les tomaba aparte y abría el manual de procedimientos enseñándoles con paciencia cada una de las especificaciones allí contenidas. Después de estar con el señor Carpenter y de recibir los consejos del Maestro, los obreros abandonaban la empresa para ir directamente al campo de trabajo llevando consigo una lata de aceite y una funda de herramientas especiales para la obra que habían de desarrollar. Por todo el pueblo se hizo correr la voz de que en esos días el señor Carpenter y su equipo iban a trabajar restaurando y que su plan era hacer la mayor cantidad de encargos. Todos venían para restaurar algo, todos tenían algo que necesitaba el toque del señor Carpenter y su equipo de obreros.

Stanley y sus amigos estaban de nuevo juntos en la funda misionera. Y cuando el señor Carpenter se cruzaba con otros obreros, Stanley podía divisar a muchas de las herramientas que conoció en la caja. Lucían vivas, felices y realizadas. Muchas de ellas aprovechaban para contarle anécdotas, detalles y aventuras de lo que estaban viviendo en ese tiempo tan emocionante.

Lady Craftsman había vuelto al mar, esta vez en un barco llamado *Salvation*, propiedad del señor Carpenter. Era usado para llegar a ciertos lugares que se encontraban mar adentro donde Lady Crafstman cooperaba en los diferentes trabajos de restauración.

Victoria, la elegante navaja suiza, fue asignada a un grupo de misioneros destinados a África; allí servía en diferentes actividades que se realizaban para varios orfanatos, los cuales habían sido abiertos para atender a los niños del lugar. Victoria estaba encantada de encontrarse sirviendo en medio de la aventura que tanto anheló.

Martello, el famoso y pesado martillo italiano, fue el impulsor de un proyecto de pozos de agua potable en el interior de Perú. Se sentía totalmente realizado sabiendo que su función serviría para ayudar a mejorar la calidad de vida de sus humildes habitantes y la de las generaciones venideras.

Eva, por su parte, tuvo como destino un hogar para niños necesitados llamado *Oasis de Amor* en una pequeña comunidad en el sur de Honduras. Allí, los días eran hermosos y cálidos. Las noches eran bellamente estrelladas, pero en cierta temporada del año se tornaban muy oscuras, por eso Eva resultó ser una valiosísima herramienta en manos de los niños y sus mentores.

Otras herramientas no se fueron tan lejos, pero en el lugar donde estaban servían en manos de experimentados obreros que transformaban las ciudades a través de un sin número de intervenciones y proyectos. Sin lugar a dudas, "La última entrega" estaba siendo un éxito sin precedentes.

Stanley se hallaba fascinado con cada historia y anécdota que escuchaba. Se sentía un privilegiado por estar viviendo aquel maravilloso tiempo. El entusiasmo de formar parte del equipo de herramientas del señor Carpenter se reflejaba en su rostro. ¡Brillaba de felicidad!

Finalmente llegó la fecha acordada para concluir con "La última entrega" y se realizó un acto en conmemoración de este evento tan importante. Los obreros habían sido invitados de manera especial por el padre del señor Carpenter, el señor Mike Carpenter, (lo de Mike venia por Maker que en inglés significa fabricante, el señor Mike era un experto creador de herramientas). Todos habían llegado a tiempo, el señor Carpenter y Gabriel se encargaron de recogerlos personalmente. Se habían ataviado con indumentaria apropiada para la ocasión. Había un ambiente de fiesta en aquel lugar y los obreros ya sabían que no era tiempo de trabajo sino de celebración. Se sirvió una gran cena y a continuación el señor Mike, el señor Carpenter y el Maestro se ubicaron de manera estratégica donde todos pudieran verlos; acto seguido, procedieron a premiar el trabajo de los obreros. Fue algo maravilloso, cada uno recibía una mención especial y un reconocimiento personal por su trabajo y entrega. Allí se encontraban algunos como Marco, Fidel y Narciso, que ahora se hacía llamar Juan. Todos salían conmovidos y agradecidos por estar allí y ser parte de "La última entrega".

Hubo de todo, risas, lágrimas, comida, etc. Pero, sobre todo, satisfacción: la de haber cumplido los trabajos de restauración que el señor Carpenter se había propuesto. Juntos, obreros y herramientas, habían dado lo mejor de sí, la experiencia y el potencial desarrollados en cada uno de ellos, habían dado sus frutos y ahora gozaban de la victoria y la recompensa merecida por su trabajo. La cena terminó y cada obrero con su kit de herramientas se encaminó a su respectivo lugar.

El señor Mike, el Maestro y el señor Carpenter dieron un último vistazo al gran almacén de herramientas observando que Gabriel y su equipo continuaban trabajando allí. Luego se dispusieron a salir. De repente, el señor Carpenter se detuvo de nuevo y se inclinó, recogió dos pedazos de metal que llevaban desde hacía unos días semiescondidos en un rincón y dijo:

—Éste es un buen cerrojo, pero necesita ser restaurado, ha perdido flexibilidad debido al óxido. Tanto tiempo de uso lo ha desgastado, pero lo repararé para que siga funcionando.

Lo tomó y volvió a limpiarlo bien, unió sus piezas y las calibró, hizo que el cerrojo repitiera una y otra vez el movimiento que se supone debía realizar para cumplir su función. Lo hizo varias veces hasta que el mismo cerrojo comenzó a responder automáticamente al movimiento sincronizado que el señor

Carpenter le estaba determinando. El Maestro se acercó y agregó:

—Le daré un toque final, le pondré una buena dosis de aceite para que sea más eficiente.

Y allí estaba, aquel cerrojo que antes lucía oxidado, sucio, roto y acabado, ahora lucía completamente limpio, con otro aspecto, como nuevo.

El señor Carpenter dijo:

—Tengo una nueva asignación para este cerrojo, pero desactivaré su antiguo mecanismo de seguridad interno y ahora será una simple bisagra puesta en un lugar estratégico: el gran almacén de herramientas. Será el lugar perfecto para un cerrojo restaurado, para que pueda abrir y cerrar puertas, pues no se debe menospreciar el valor de una buena herramienta.

Acto seguido salieron, dejando a Fac debidamente colocado en la puerta principal del gran almacén de herramientas.

Fac no lo podía creer, tenía otra oportunidad a pesar de lo duro que había sido su comportamiento con las demás herramientas. El señor Carpenter se había tomado el tiempo de restaurarlo y ponerlo en un sitio especial. Le habían privado de su mecanismo de seguridad, aquello que más apreciaba y defendía, pero que en el fondo también era lo que más le había separado de las demás herramientas. Resultaba interesante, muchas cosas venían a su cabeza, pero centrarse en el pasado ya no tenía sentido, así que decidió proyectar sus pensamientos hacia el futuro.

Esta vez se propuso cumplir su función y su misión de forma diferente a la anterior. Se aseguraría de conocer a las herramientas del gran almacén para convertirse en un grandioso compañero para los demás. Quizá las historias escuchadas y vividas en la caja le servirían esta vez para ver las cosas desde otra perspectiva y, literalmente, desde otro lugar. Todo parecía ir bien y a mejor, gracias al señor Carpenter y al aceite del Maestro. Fac quería aprovechar realmente esta nueva oportunidad.

9

Reflexión final

REFLEXIÓN FINAL

Quiero darle las gracias una vez más por el tiempo que ha dedicado a la lectura de este libro. Mi expectativa personal es que usted no permanezca indiferente a lo que ha leído y reflexione por algún tiempo sobre las verdades escondidas en esta historia.

Quisiera compartir con usted cómo el Señor me movió a escribir esta historia:

Encontrándome en la ciudad de Buenos Aires (Argentina), en una preciosa comunidad de hermanos, y después de un lindo tiempo compartiendo la palabra de Dios, tuvimos un tiempo de oración y un llamado al altar para presentar nuestras vidas y nuestro servicio al Señor. Y mientras orábamos, el Señor me mostró una grande y vieja caja llena de herramientas, algunas de ellas dentro de la misma, pero otras abandonadas o esparcidas por el suelo, llenas de óxido y, sobre todo, estropeadas y envejecidas por la inactividad y el desuso.

El Señor me decía que en el pueblo de Dios había una gran cantidad de herramientas que no estaban haciendo nada, pudriéndose dentro de una caja o desatendidas en cualquier lugar, sin ser conscientes de que estaban desperdiciando su tiempo, su propósito y su potencial. Esto me estremeció porque el Espíritu Santo me hizo sentir también la urgencia de obreros para un tiempo como éste.

Creo que la caja puede significar muchas cosas, desde el afán y la comodidad personal a los temores a servir al Señor abrumados por las incertidumbres de cara al futuro, y aún podría ser nuestra propia rutina de servicio en la iglesia local en donde nos encerramos y nos encuadramos, de manera que todo el potencial que Dios ha puesto en nuestras vidas se va disipando poco a poco.

Actualmente existen más personas formadas y preparadas que en ninguna otra generación de la historia de la Iglesia, pero debemos admitir que también hay más tendencia al confort y la pasividad. Es como si lo de servir fuera un tópico que ya no está de moda, o como se diría en un lenguaje actual: no es un *top trending*. Parece que es más fácil convertirse en espectador que en protagonista de cambios.

Hay quienes permanecen confinados en la caja de herramientas frustrados por experiencias negativas del pasado. Quisieron servir, pero las cosas no salieron como esperaban o, simplemente, estaban dentro de un sistema de Iglesia donde no les brindaron la formación, la visión o la oportunidad de servir. Las razones pueden ser múltiples, las excusas también, pero la realidad que el Señor me mostraba es una sola: La mies es mucha, los obreros pocos, y las herramientas para la labor se están oxidando y perdiendo sin haber sido utilizadas, sin haber alcanzado todo lo que tenían que alcanzar para la gloria de Dios, sin haber cumplido el propósito para el cual han sido llamados.

Estamos viviendo un mover impresionante del Espíritu Santo soplando sobre todos los confines de la tierra, pues entendemos que estamos viviendo los últimos tiempos y que la venida del Señor está a las puertas. Observamos un tremendo avance de la ciencia, la tecnología y la información que eleva exponencialmente posibilidades de llegar con la palabra de Dios al mundo como nunca antes en la historia. Si tenemos potencial, formación y recursos, no dejemos que se extingan dentro de la caja.

Quiero desafiarle en esta oportunidad y llevarle a reflexionar sobre el sentido y propósito de su vida cristiana. Si usted siente que vale para mucho más y que Dios le está llamando para usarle, pero se ve encerrado en una caja, sea cual sea la forma, el tamaño o la estructura; si siente que algo le impide realizar su vida sirviendo al Señor, entonces este libro llegó a sus manos de forma profética para animarle a ser valiente y obediente a la voz de Dios y tomar las decisiones que necesite para poder convertirse en una herramienta o en un obrero en la mies del Señor.

Levántese, hable con Dios y con las personas que necesite hablar. Haga cambios en su vida y en sus planes que le lleven al propósito de Dios. Con toda seguridad Dios tiene para usted un lugar en su mies y lo que usted aportará en el campo de trabajo es importante. Tráigalo a los pies del Señor y decídase a servirle. No tenga miedo, confíe en el Señor de la mies, Él es SIEMPRE FIEL.

Que Dios le siga bendiciendo y preparando para ser usado como una herramienta efectiva para su reino.

Armando Sánchez.

ARMANDO SÁNCHEZ

Armando Sánchez. Músico, compositor, conferencista y líder con una larga experiencia en el trabajo con personas a través de años de servicio en el contexto de la iglesia local, en el ministerio de la alabanza y la adoración y el ministerio pastoral.

Armando junto a su esposa Esperanza García, son pastores del Centro Cristiano Restauración Familiar en Andalucía, España.
También son fundadores y directores del Ministerio: Cambio de Sentido Internacional a través del cual promueven y se involucran en diferentes proyectos y eventos para la
formación de líderes y adoradores en el Cuerpo de Cristo dentro y fuera de España.

Armando y Esperanza tienen dos hijos:
Armando Isaac e Ian Samuel.

Para más información sobre nuestro ministerio vaya a:

http://cambiodesentido.org/